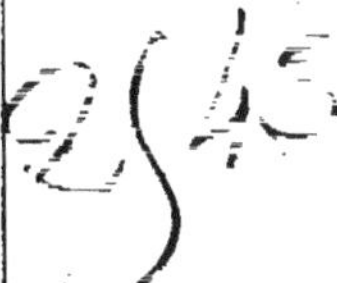

NÉCESSITÉ

DE

L'EXTENSION DE NOTRE COMMERCE

EN GÉNÉRAL

ET DE

NOTRE COMMERCE EXTÉRIEUR

EN PARTICULIER

Par Louis **EECKMAN**, Négociant-Commissionnaire

A ROUBAIX

PARIS

IMPRIMERIE DE DUBUISSON ET Ce

5, RUE COQ-HÉRON, 5

1869

NÉCESSITÉ

DE

L'EXTENSION DE NOTRE COMMERCE

EN GÉNÉRAL

ET DE

NOTRE COMMERCE EXTÉRIEUR

EN PARTICULIER

NÉCESSITÉ

DE

L'EXTENSION DE NOTRE COMMERCE

EN GÉNÉRAL

ET DE

NOTRE COMMERCE EXTÉRIEUR

EN PARTICULIER

Par Louis **EECKMAN**, Négociant-Commissionnaire

A ROUBAIX

PARIS

IMPRIMERIE DE DUBUISSON ET Cie

5, RUE COQ-HÉRON, 5

1869

Il appartient aux corps commerciaux de défendre auprès du gouvernement les tarifs douaniers...

Mais, en outre, leur devoir est de seconder l'initiative privée dans ses efforts pour obtenir toutes les améliorations possibles en dehors du cercle des traités de commerce.

Louis EECKMAN.

Roubaix, 7 avril 1869.

AVANT-PROPOS

Les peuples voisins qui nous ont devancés dans la pratique du commerce extérieur, et qui sont en possession aujourd'hui des marchés les plus importants de l'étranger, doivent leur succès à une application intelligente de l'action gouvernementale.

La reine Elisabeth d'Angleterre octroyait en l'an 1600 une charte à la Compagnie des Indes et mettait à sa disposition les navires de l'Etat.

On sait la fortune commerciale et politique de l'Angleterre dans les Indes.

Plus récemment, en 1825, le roi Guillaume de Hollande fondait, en grande partie de ses deniers personnels, la Compagnie Néerlandaise des Indes, la Maatchappi, dont le capital primitif, de trente millions de florins, s'élève aujourd'hui, paraît-il, à trois cents millions de florins.

En Belgique, en Suisse et dans d'autres états, le commerce s'est aussi appuyé sur le gouvernement.

Si maintenant nous portons nos regards sur notre pays, nous voyons que les producteurs y souffrent :

1° D'une concurrence encore inégale,

2° De l'insuffisance des débouchés.

La concurrence, il faut l'accepter, comme inséparable du régime actuel de liberté.

Mais nous convions tous les producteurs, dont les intérêts sont ici solidaires, à se liguer et à solliciter énergiquement du gouvernement son concours pour le développement du commerce extérieur de la France. D'ailleurs, son intervention se traduirait, non par la constitution de priviléges surannés, mais par une forte impulsion donnée à l'initiative individuelle.

L'Empereur, qui a introduit chez nous le libre-échange, doit le rendre possible, sous peine de voir son œuvre compromise. Or, le libre-échange exige impérieusement l'extension de nos relations commerciales avec l'étranger.

NÉCESSITÉ

DE

L'EXTENSION DE NOTRE COMMERCE

EN GÉNÉRAL

ET DE

NOTRE COMMERCE EXTÉRIEUR

EN PARTICULIER

I

Après les vives réclamations que nos industriels viennent d'adresser au gouvernement et à la personne même de l'Empereur, réclamations qui ne permettent plus de nier les souffrances de l'industrie nationale, livrée par les traités de commerce à une concurrence inégale, il est urgent d'approfondir sans parti pris la question posée, et de rechercher consciencieusement l'étendue du mal et les moyens pratiques d'y remédier.

Je viens donc, sous ma responsabilité personnelle et tout en laissant aux corps commerciaux le soin de correspondre avec le gouvernement au sujet de l'amélioration des tarifs douaniers, je viens, dis-je, exposer sur notre situation industrielle et soumettre au jugement de qui il appartiendra des idées que mon expérience commerciale m'a suggérées depuis longtemps.

Qu'on ne m'accuse pas de témérité : devant un grand intérêt social, tout citoyen qui juge son concours utile pour la solution des difficultés pendantes est autorisé à se mettre en avant.

Ceci dit, j'entre en matière.

II

Tout d'abord, je déclarerai qu'à mes yeux, un grand développement de notre commerce extérieur est d'une absolue nécessité.

Aussi longtemps que les marchés français se sont trouvés, de fait ou de droit, réservés aux producteurs français, le besoin de relations commerciales avec l'étranger s'est fait peu sentir, et l'indifférence de nos négociants pour les opérations lointaines a pu s'expliquer jusqu'à un certain point. Mais une ère nouvelle a commencé, et le libre échange, en abaissant toutes les barrières devant la concurrence universelle, a engagé la France dans une lutte terrible, quoique toute pacifique.

Les immenses dangers de ce grand conflit commercial apparaissent maintenant à tous les yeux, et il s'agit de les conjurer.

Nos rivaux sont nombreux ; ce sont : les Suisses, les Belges, les Hollandais, les Allemands, les Américains, les Anglais.

Ces derniers nous sont particulièrement redoutables.

Grâce à un programme sagement conçu et énergiquement suivi, l'Angleterre a depuis longtemps accaparé presque tout le grand commerce maritime. Elle a partout des comptoirs, des agences, des banques et des transports ; partout elle offre aux spéculateurs des avances considérables, des frets à bon marché, des tarifs de douane très-doux, et enfin le facile accès de ce vaste marché de Londres, où se rencontrent les plus puissants consommateurs du monde, et où sont organisées sur un grand pied des ventes publiques périodiques, assurant la prompte liquidation des affaires engagées.

Aussi sommes-nous obligés, nous Français, d'aller chercher à Londres nos matières premières de fabrique : laines, cotons, essences tinctoriales, etc., et même les denrées nécessaires à notre alimentation : sucres, cafés, etc.

Supposons un négociant de Paris voulant spéculer sur les laines d'Australie ; il se pourvoit d'un représentant dans ce pays et lui transmet ses ordres.

Sitôt un achat conclu, le représentant va trouver l'Anglais, et dès ce moment lui appartient. L'Anglais avance le prix, et se couvre en faisant rédiger la vente en son nom. Puis il charge la laine achetée sur un navire anglais et l'expédie à un agent de Londres ou de Liverpool.

Celui-ci fait vendre la marchandise à la première vente publique, et finalement un bordereau de toutes ces opérations est adressé au négociant de Paris, qui n'a en définitive qu'à payer ou recevoir une différence, une balance de compte.

C'est par de semblables procédés que les entrepôts anglais nous ont fourni :

En 1862, 11,000,000 kil. de laine d'Australie,
4,500,000 kil. de jutes ;

En 1863, 17,000,000 kil. de laine,
6,500,000 kil. de jutes ;

En 1864, 18,000,000 kil. de laine,
10,500,000 kil. de jutes.

Dans la même période, nous ne recevions directement que des quantités insignifiantes de ces matières premières (1).

Et pendant que nous allons chercher en Angleterre les laines de l'Australie et des Indes, c'est à Anvers que nous achetons les laines de Buenos-Ayres et de Montevideo.

Rappelons à ce propos le récent rapport de M. Jacques Siegfried sur le commerce des Indes. On y lit qu'en 1867 Bombay a exporté 1,075,000 balles de coton ; savoir :

Pour l'Angleterre............	956,000 balles.
Pour l'Europe...............	71,000 —
Pour la Chine...............	48,000 —

D'autre part, le négociant de Bordeaux qui veut faire venir directement de Calcutta une cargaison d'indigo est obligé, pour réaliser son achat, de se procurer à Londres du papier payable dans l'Inde en roupies. L'Angleterre, maîtresse du commerce de l'Inde, détient seule ce genre de valeur.

(1) Renseignements de statistique empruntés à la brochure de M. Leveillé, chargé d'un cours de droit maritime à la Faculté de Paris, intitulée : *Notre Marine marchande et son avenir*, page 13.

Citons encore un fait : il y a quelques années, dans une circulaire pressante, M. Béhic, ministre du commerce, invitait les manufacturiers de Lyon, qui font une énorme consommation de soies, à établir en Chine et au Japon des agents collectifs qui achèteraient pour eux, de première main, les soies de ces pays, soies jusqu'alors achetées sur les lieux par les Anglais, qui les revendaient aux Européens (1). Eh bien ! aujourd'hui encore, malgré l'organisation du service de paquebots français dans ces lointains parages, la soie, portée de la Chine et du Japon sur les steamers anglais, arrive par Suez à Marseille, et transite par les voies rapides à travers la France jusqu'à Londres, pour revenir ensuite de Londres sur Lyon.

Voilà pour les importations ; quant aux exportations, l'absence d'une représentation sérieuse à l'étranger nous rend également tributaires des Anglais. Ce sont des agents anglais qui nous procurent le placement de nos produits ; c'est même le plus souvent sur des navires anglais que nos marchandises voyagent à destination étrangère.

Notre infériorité est certes bien démontrée. L'on peut même s'étonner qu'elle ne soit pas plus grande,

(1) *Notre Marine marchande*, page 32.

quand on songe aux conditions inégales de cette lutte séculaire d'individualités isolées contre des associations puissantes, de timides fabricants contre d'audacieux et tenaces manufacturiers.

Mais le mal n'est déjà que trop grand !

En résumé, le courtage des échanges entre les nations nous échappe presque complètement. Les produits à échanger prennent invariablement la route de Londres, qui rançonne au passage producteurs et consommateurs.

Ce n'est pas tout. Se procurant à bon compte les matières nécessaires à l'alimentation de ses usines, l'Angleterre est arrivée à fabriquer sur une échelle immense des articles un peu communs, à la vérité, mais utiles et pas chers. Ces articles lui ouvrent tous les marchés ; elle en inonde actuellement la France, refoulant partout nos produits similaires, et nous battant jusque sur notre propre terrain.

III

Il ne faut pourtant rien exagérer, nous avons d'abondantes sources de richesses que rien ne peut nous enlever, et qui ne demandent qu'à être largement exploitées. Nos produits naturels, par exemple, et leurs composés, vins, alcools, céréales, fruits et conserves, ne redoutent aucune concurrence. De plus, notre fabrication embrasse une quantité d'articles variés qui conviennent à l'exportation ; même, notre supériorité est incontestable pour ceux dits de Paris, et aussi pour certains tissus de première marque.

Les femmes de tous pays veulent des robes françaises, et notre démocratique paletot a fait le tour du monde.

Nous l'emportons encore sans difficulté quant aux œuvres artistiques et scientifiques.

Ajoutons que les articles anglais n'ont en général rien d'attrayant, tandis que les produits du sol ou du génie français séduisent et captivent. De même les étrangers préfèrent notre soleil aux brumes de la Tamise ; on va voir Londres, mais on séjourne à Paris.

En définitive, le nom de la France n'est pas moins connu que celui de l'Angleterre dans les pays les plus reculés.

Aussi, dès aujourd'hui, avec nos produits, non pas fabriqués à la pacotille et pour le million, mais supérieurs par nature ou marqués au coin du bon goût, nous pourrions alimenter de nouveaux et importants débouchés à l'étranger ; et, les succès appelant les succès, nos négociants se formeraient bientôt à la pratique des grandes affaires d'exportation.

A quel moyen donc recourir pour relever notre fortune commerciale, reprendre notre place sur les marchés d'outre-mer et donner à notre production toute l'extension dont elle est susceptible ?

IV

Bien des personnes, attribuant tous nos embarras aux traités de commerce, proposent de les déchirer et d'arrêter à la frontière les produits étrangers qui affluent sur nos marchés et dépriment les cours.

Pour que l'on puisse bien comprendre la gravité de cette proposition, rappelons les divers traités de commerce conclus depuis 1860.

Angleterre.................. 23 janvier 1860
— conventions-annexes, 12 octobre et 16 novembre 1860.
Belgique..................... 1er mai 1861
Prusse....................... 2 août 1862
Italie...................... 17 janvier 1863
Suisse...................... 30 juin 1864

Suède et Norwège..........	14 janvier	1865
Brême, Hambourg, Lubeck...	4 mars	1865
Mecklembourg-Schwerin........	9 juin	1865
Espagne....................	18 juin	1865
Pays-Bas	7 juillet	1865
Portugal....................	11 juillet	1866
Autriche................	11 décembre	1866
États pontificaux............	29 juillet	1867

Tous ces traités stipulent au profit des parties contractantes les avantages nouveaux que chacune d'elles pourrait respectivement accorder à d'autres nations plus favorisées. De sorte qu'une étroite solidarité commerciale se trouve relier presque tous les Etats européens.

Il faut en outre rapprocher des traités de commerce proprement dits les nombreuses conventions postales et télégraphiques qui les complètent, et qu'il serait oiseux d'énumérer.

Tout le monde comprendra la difficulté qu'il y aurait à renverser aujourd'hui un édifice si laborieusement élevé et qui va recevoir son couronnement par la mise à exécution complète de la loi de 1866 sur la liberté des mers et l'égalité des pavillons. Des améliorations de tarif sont possibles et les corps commerciaux sont autorisés à les réclamer. Mais on ne saurait briser de force des relations internationales, établies sur la foi des conventions, sans risquer une guerre générale. Sous ce rapport, au moins la réforme économique, introduite par les traités de commerce, est un fait accompli, auquel il faut se résigner.

D'un autre côté, attendre l'échéance de tant de traités pour les modifier, ce serait renvoyer trop loin la solution de difficultés pressantes. Notre ruine se consommerait bientôt dans l'intervalle. Il faut un remède immédiat à un mal présent ; et ce remède, je ne le vois réel, efficace que dans l'extension de nos relations commerciales avec l'étranger. Que tous les intéressés s'unissent et poursuivent la formation d'une compagnie assez puissante pour leur ouvrir l'accès de tous les grands marchés du monde ? Que le gouvernement fournisse ou procure à la nouvelle compagnie son premier capital ? Ne sommes-nous pas en droit de réclamer son appui ? Il a jugé à propos de nous imposer les traités de commerce, il doit nous aider à vivre sous leur régime.

V

La liberté commerciale exige, pour être féconde, la pratique du négoce dans le monde entier.

Or, où en était notre commerce extérieur quand l'Empereur s'est lancé inopinément dans la voie du libre échange ?

Aux premiers éléments.

Nos relations étaient peu nombreuses et peu importantes; notre organisation commerciale secondait mal les efforts de nos spéculateurs les plus entreprenants.

Avions-nous, comme les Anglais, de grandes associations et des maisons séculaires en correspondance avec tous les points du globe ?

Il est bien reconnu aujourd'hui que nous n'étions pas prêts à la lutte ; le pays, cependant, l'a acceptée avec courage. De grands efforts ont été tentés, sans succès malheureusement.

Il y a eu d'infructueux essais de sociétés pour le développement du commerce.

D'autre part, l'outillage industriel a été considérablement amélioré, et la fabrication poussée avec une extrême activité ; car le gouvernement nous avait dit :

« Imitez vos adversaires : renouvelez votre outil-
» lage ; fabriquez beaucoup, pour fabriquer à bon
» marché ; et la lutte redeviendra égale. »

Nous avons écouté ces avertissements ; nous avons employé tout notre argent et tout notre crédit à nous mettre en mesure de soutenir la concurrence étrangère.

Et M. Rouher l'a bien reconnu, quand il s'est écrié du haut de la tribune :

« Nous le proclamons à l'honneur de Roubaix...
» pour conjurer la ruine dont il se sentait menacé,

» il lui fallait accepter d'énormes sacrifices et accom-
» plir de gigantesques efforts.

» Il n'a reculé ni devant les uns, ni devant les
» autres, et il est resté jusqu'ici triomphant sur la
» brèche.

» Ce succès est-il définitif? Les résultats acquis
» répondront-ils aux forces dépensées? Il faut quel-
» ques années encore avant de pouvoir se prononcer
» avec certitude sur ce point... »

J'appelle l'attention sur cette réserve finale. L'avenir est effectivement incertain, puisque la grande prospérité des fabriques de tissus, pendant ces dernières années, est due à des circonstances exceptionnelles.

C'est un accident qui est venu un moment donner quelque apparence de raison à la confiance du gouvernement et à l'audace de nos fabricants; je veux parler de la guerre d'Amérique. Elle a entraîné la disparition presque absolue du coton. Par suite, les fabriques anglaises et américaines, qu'alimentait cette précieuse matière, se sont arrêtées, et la consommation a dû se rabattre sur les tissus mélangés de Roubaix et autres villes du Nord.

Mais la guerre d'Amérique est finie, et le coton, qui de 75 fr. le quintal était monté à 350 fr., est descendu à 130 fr.

Bien plus, l'Angleterre, pour empêcher le retour d'une crise qui lui a été si dure, a pris le sage parti d'ensemencer en coton d'immenses plaines de l'Asie, de sorte que, dans quelques années, les tissus de coton deviendront probablement d'un bon marché fabuleux.

De ce côté, le danger est très-grave et très-prochain.

Il est même incontestable que nos tissus ont eu déjà grandement à souffrir de la concurrence étrangère. On en trouve la preuve irréfragable dans les tableaux d'importation et d'exportation présentés pages 33, 34 et 35.

VI

Ne nous reste-t-il donc plus qu'à fermer nos ateliers et nos usines? Certainement, fabriquer sans relâche et à toute vapeur quand les produits s'entassent dans les magasins de vente, c'est se faire concurrence à soi-même, c'est écraser le marché à son propre détriment, c'est tirer sur ses propres troupes; en bonne règle, il faut que la production soit proportionnée à la consommation; sinon l'on arrive bientôt au malaise, à la panique, à la ruine.

Nous avons constaté qu'à la voix du gouvernement et à la faveur de circonstances exceptionnelles, l'industrie française a, depuis 1860, pris un très-grand développement.

On ne peut songer à enrayer ce mouvement si vif

sans ce préoccuper aussi des conséquences inévitables de la cessation du travail national.

Mais ne comprend-on pas qu'il serait insensé d'accepter sur-le-champ une déchéance ignominieuse quand les difficultés qui se dressent devant nous ne sont pas, après tout, insurmontables, et qu'il serait ridicule de s'infliger immédiatement des pertes immenses, par appréhension d'un avenir sombre, il est vrai, mais dont les menaces peuvent être vaines?

Qu'on n'en doute pas un seul instant, tout arrêt dans notre production serait non-seulement un honteux abandon du champ de bataille, mais encore une extrémité désastreuse.

VII

Ainsi, deux points sont acquis :

1° Les traités de commerce ne sauraient être déchirés;

2° Le travail national ne doit ni s'arrêter ni se ralentir.

En d'autres termes, nous ne pouvons ni reculer ni nous arrêter; donc marchons, mais sur de nouveaux errements : il est indispensable que les moyens changent avec les situations.

Je l'affirme avec conviction, la production française est particulièrement entravée par l'insuffisance du commerce; c'est la pénurie des relations extérieures qui est le grand mal appelant de toute nécessité un prompt et énergique remède.

A cet égard, il n'est plus permis de temporiser, dans l'espoir d'un avenir meilleur, et nous avons commis une trop lourde faute en ne donnant pas depuis longtemps à notre commerce un essor proportionné à celui que prenait notre industrie.

Différer encore, ce serait tout compromettre.

Osons enfin aborder résolûment les grandes affaires extérieures; tâchons de nous assurer de vastes débouchés à l'étranger, et de donner à notre commerce d'exportation une nouvelle, une immense extension.

Nous réparerons ainsi les pertes que nous a déjà fait subir l'envahissement de nos marchés par les produits étrangers, et nous pourrons maintenir, augmenter même l'activité de notre fabrication, si considérable cependant depuis 1860.

Il faut que l'industriel, comme l'agriculteur, sache toujours où vendre ses produits.

Il faut que nos armateurs trouvent toujours du

fret d'aller, qui les couvre de leurs avances, et qu'ils puissent se placer à l'étranger sur un pied d'égalité avec leurs concurrents, Anglais ou autres.

Il faut enfin que nous fassions nos affaires nous-mêmes, que nous allions nous-mêmes chercher aux lieux de production, pour les transporter directement en France, les denrées et matières premières dont nous avons besoin.

VIII

On nous a objecté qu'il serait peut-être téméraire de presser le mouvement de notre commerce, qu'une allure trop rapide pourrait conduire à de cruelles déceptions.

On n'improvise pas, nous a-t-on dit, des débouchés sûrs; c'est par la connaissance des habitudes et des goûts de chaque pays, par la confiance justement inspirée qu'on attire et qu'on retient les acheteurs.

Je répondrai : sans aucun doute, dans le commerce comme ailleurs, trop de précipitation nuit.

Mais ne doit-on pas craindre aussi de ne pas

aller assez vite, sous prétexte de ne pas trop se presser?

Pour préciser, j'ajouterai : croit-on qu'il y ait aujourd'hui proportion normale entre notre production, non-seulement possible mais effective, et notre exportation?

Là est la question; pour présenter une objection sérieuse, il faudrait établir que notre exportation a marché de pair avec notre fabrication, au moins sur certains articles.

Or, cette preuve, on aurait quelque peine à la fournir; on ne la puiserait pas, en tous cas, dans les documents officiels.

Par exemple, on lit dans le discours de M. Rouher, du 20 mai 1868 (1), que nous avons exporté en 1859 :

Fils de laine........	5,900,000 fr.
Tissus.............	180,000,000
	185,900,000 fr.

(1) *Moniteur* du 21.

En 1867 :

Fils de laine........	33,000,000 fr.
Tissus.............	283,000,000
	316,000,000

Proportion d'augmentation, environ 70 p. 100.

Or, nous avons pu constater qu'à Roubaix, entre autres villes manufacturières, le nombre des métiers s'était élevé, depuis 1861, de 2,400 à 12,000.

Proportion d'augmentation, 500 p. 100.

Il est vrai que les calculs de M. Rouher, en matière d'importation et d'exportation, ont été fortement contestés et même démontrés inexacts sur plusieurs points. Mais nous ne considérons ici que l'exportation, et le ministre orateur devait être porté à l'exagérer plutôt qu'à l'affaiblir. Nous pouvons donc sans danger, à notre point de vue spécial, accepter les données officielles.

Voici au surplus des chiffres très-significatifs, publiés récemment par l'administration des douanes et qui expriment les résultats de notre commerce général pour les dix premiers mois de l'année 1868, en les comparant aux résultats des périodes antérieures correspondantes :

	Importation.	Exportation.
1868.....	2,845,000,000	2,361,000,000
1867.....	2,514,000,000	2,339,000,000
1866.....	2,334,000,000	2,662,000,000
1865.....	2,184,000,000	2,482,000,000
1864.....	2,069,000,000	2,483,000,000
1863.....	2,021,000,000	2,157,000,000
1862.....	1,830,000,000	1,815,000,000
1861.....	2,004,000,000	1,570,000,000

Il appert de ce tableau :

1° Que nos exportations de 1868 sont de 300 millions inférieures à celles de 1866.

2° Que l'écart entre les exportations et les importations (500 millions) n'a jamais été plus grand, et que malheureusement ce sont nos exportations qui fléchissent.

La situation est particulièrement mauvaise quant aux tissus mélangés de laine.

Nous relevons en effet les chiffres suivants dans les *Annales du Commerce* :

IMPORTATION DES TISSUS MÉLANGÉS
DE LAINE

Dix premiers mois	1866...........	23,970,000
—	1867...........	19,834,000
—	1868...........	26,427,000

EXPORTATION

Dix premiers mois	1866...........	85,241,000
—	1867...........	66,399,000
—	1868...........	49,941,000

Ainsi, pendant que les importations augmentaient de plus de 10 0/0, les exportations diminuaient de près de 42 0/0.

Enfin, en ce qui concerne les fils et tissus de coton, on trouve des renseignements tout à fait alarmants dans le procès-verbal d'enquête, adressé, le 8 mars dernier, par la Chambre de commerce de Lille, à Son Excellence M. le ministre de l'agriculture, du commerce et des travaux publics. La balance en faveur des exportations, qui s'élevaient

en 1864, à............. 79,391,291 millions,
n'est plus en 1868 que de... 26,550,000 millions.

Je crois avoir suffisamment prouvé qu'il n'y a aucun danger à précipiter le mouvement de notre commerce extérieur; que, bien au contraire, l'accélération de nos exportations est devenue d'une urgente nécessité.

IX

Mais comment multiplier rapidement nos relations commerciales avec l'étranger? comment vaincre l'apathie de nos négociants enracinés dans de vieilles habitudes?

Comment familiariser le commerce français avec les pratiques exceptionnelles du commerce extérieur, surtout avec les longues échéances des rentrées ?

Beaucoup d'esprits sérieux se sont posé ces questions sans parvenir à les résoudre.

J'ai déjà signalé des tentatives d'associations pour le développement de notre commerce d'exportation et d'importation.

Vers 1850-1851, des hommes haut placés dans le

commerce et l'industrie (1) ont presque réussi à fonder une compagnie, au capital de 50 millions, qui devait créer des établissements français dans les Amériques.

En 1867 encore, au plus fort de l'Exposition universelle, la Société générale, ou M. Denière, a lancé des prospectus annonçant la formation d'une compagnie d'importation et d'exportation.

Ces essais sont restés sans résultat, faute, je crois, d'un programme suffisamment élaboré, indiquant nettement aux capitaux le but à atteindre et les moyens à employer.

(1) MM. Ernest Sellière, Bernoville, Vaccossin, de Brunet, de Reims; Mortimer-Ternaux, Henri Barbey, Ferray, d'Essonnes; Wattine Bossut, de Roubaix; baron de Fourment, etc.

X

L'œuvre est-elle donc au-dessus de nos forces? Je ne le pense pas; mais il semble démontré que, pour plusieurs motifs, dont le principal est l'emploi d'un capital considérable à l'amélioration de l'outillage industriel, l'initiative privée ne suffit peut-être pas aux exigences de la situation, et qu'en conséquence nous nous trouvons dans l'obligation de réclamer l'intervention, au moins momentanée, du gouvernement

Du reste, et j'ai hâte de le dire, je ne songe nullement à invoquer des exemples surannés et à demander la constitution d'une société semblable en tout à la compagnie anglaise des Indes ou à la société néerlandaise d'Amsterdam.

Ces deux grands établissements commerciaux, parvenus tous deux à un très-haut degré de prospérité, reposent essentiellement sur le privilége.

Leur principe ne saurait donc convenir au libéralisme français.

Je repousse également tout système fondé sur les primes de sortie.

Le dégrèvement des matières premières doit suffire à l'industrie ; qu'on le remarque, le bénéfice réalisé dans une expédition au moyen de la prime de sortie ne profite qu'à l'expéditeur individuellement ; il est négatif pour les contribuables qui payent la prime.

Non, plus de faveurs, plus de priviléges concédés au détriment du consommateur ou du contribuable !

Ce que nous devons chercher, c'est une organisation neuve répondant à un ordre de choses nouveau :

C'est une institution accueillant tous les efforts, encourageant toutes les initiatives, pure enfin de tout monopole.

Voici le plan que m'a inspiré une étude approfondie de nos besoins commerciaux.

XI

Je voudrais l'établissement à Paris d'une grande administration ayant pour objet le commerce extérieur, et comprenant naturellement deux parties :

Les expéditions à l'étranger, c'est-à-dire l'exportation, et les retours en produits exotiques, c'est-à-dire l'importation.

EXPÉDITIONS A L'ÉTRANGER.

On y pourvoirait par la création successive de succursales dans les centres français de production, au fur et à mesure que des hommes sérieux se présenteraient pour les diriger.

Les gérants ou directeurs, responsables et soumis au contrôle d'un conseil de surveillance local, seraient commandités par la maison de Paris, sous la condition à eux imposée d'apporter un capital égal au moins à celui qu'elle leur confierait.

Cet apport pourrait du reste ou leur être personnel, ou leur être fourni par des actionnaires, commanditaires, adhérents ou autres.

La mission des directeurs de succursales consisterait à rechercher partout, dans leur rayon et leur spécialité, les marchandises convenables pour l'exportation, à en soigner eux-mêmes l'expédition ou à la surveiller chez les producteurs ou négociants, à qui d'utiles instructions seraient alors libéralement données.

Les expéditions s'effectueraient soit par ordre, soit par consignation, soit par compte à demi entre les expéditeurs et les directeurs, à la condition expresse que ces comptes à demi fussent préalablement autorisés par la maison de Paris.

Mais des opérations entièrement personnelles seraient interdites aux directeurs, qui devraient, autant que possible, conserver le rôle de simples intermédiaires.

De plus, les directeurs auraient à guider officieusement les producteurs, en les tenant au courant des variations si fréquentes et si brusques de la consommation.

Ils engageraient enfin nos négociants à visiter eux-mêmes les marchés étrangers, afin d'en étudier à leur profit particulier les ressources et les besoins.

Les succursales relèveraient de la maison de Paris.

Jour par jour, les directeurs adresseraient le compte de leurs opérations à la maison mère, qui tiendrait le grand-livre général de la société, comme cela se pratique entre les succursales de la Banque et le grand établissement central de Paris, auquel elles se rattachent et avec lequel elles correspondent.

RETOURS DE L'ÉTRANGER.

Même système d'organisation que pour les expéditions ; on créerait dans toutes les bonnes places commerciales à l'étranger des agences ou comptoirs commandités, informant de leurs opérations, courrier par courrier, la maison de Paris.

Les directeurs des comptoirs soigneraient la vente des marchandises expédiées de France, ainsi que l'achat et l'expédition des marchandises de retour.

Ils activeraient et dirigeraient la production étrangère dans le sens des intérêts français.

Ils conseilleraient et faciliteraient aux négociants étrangers la visite de la France, recevraient et patronneraient les voyageurs français recommandés par la maison de Paris, et aussi plaçeraient dans leurs bureaux les jeunes gens désireux de se former au commerce étranger.

Enfin, les succursales de France et les comptoirs de l'étranger correspondraient entre eux par l'entremise de la maison de Paris, qui centraliserait toutes les opérations.

On comprendra facilement les avantages inappréciables d'une semblable organisation, surtout en ce qui concerne les découverts du commerce français vis-à-vis du commerce étranger; insistons sur ce point.

J'ai dit que l'un des principaux obstacles au développement de notre commerce extérieur se rencontre dans la longue échéance des rentrées, qui ne peuvent s'effectuer en moins de quinze mois et même de deux ans ; or, traiter *au comptant* toutes les affaires d'exportation, c'est chose impossible ; le milliard de la Banque de France n'y suffirait pas.

Force est donc de recourir au crédit ; on le trouvera dans nos succursales.

Le papier de ces succursales, sous quelque forme qu'il se présente, sera toujours digne de confiance, parce qu'il sera toujours la représentation vraie d'une opération en marchandises effectuée dans des conditions choisies et débattues par les intéressés eux-mêmes ; parce que son chiffre d'émission sera toujours au-dessous de l'importance de l'affaire ou de la valeur engagée ; parce que, enfin, les directeurs seront responsables et disposeront d'un capital connu.

De plus, tout le papier passera par la maison de Paris, qui le contrôlera minutieusement et n'admettra à l'escompte que les effets accompagnés de leurs documents d'origine, savoir :

Un duplicata régulier de facture ;
Un duplicata de connaissement,
Et un duplicata régulier de police d'assurance.

A chaque effet sera donc annexé un dossier spécial de garantie.

Sous ces seules conditions, la maison mère pourrait déjà sans danger faire des avances considérables à ses succursales sur papier à long terme, soit d'un an ; mais elle jouira en outre d'une garantie particulière et bien précieuse, résultant de son organisation même.

Soignant, en effet, non-seulement les exportations, mais encore leur contre-partie, les importations, toutes les valeurs de retour lui seront adressées ; de telle sorte qu'elle se trouvera le plus souvent couverte de ses avances par des gages réels.

On voit donc qu'elle ne courra aucun risque à grossir son portefeuille de papiers à longue échéance.

Pour l'alléger, d'ailleurs, elle aura deux moyens :

Ou bien elle lancera dans la circulation, soit à Paris, soit en province et par les soins des directeurs de succursales, les effets en question ramenés à un an de terme, effets de premier ordre, puisqu'ils seront toujours revêtus de deux ou trois signatures au moins : celle du client au profit duquel la valeur aura été créée, celle du directeur de la succursale et celle de la maison mère ;

Ou bien elle les transformera en warants d'un nouveau genre, qu'on pourrait appeler *warrants roulants*, comme représentant des marchandises expédiées et voyageant à destination.

Pour cela, elle les déposerait en nantissement avec leurs dossiers de garantie dans une caisse sûre, à la Banque de France, par exemple, et émettrait sur leur base des billets à un an de terme, qui se négocieraient directement ou par l'entremise des agents de change, comme se négocient les bons du Trésor ou du Crédit foncier.

Toutes ces valeurs porteraient un numéro d'ordre indiquant leur origine et qui permettrait au porteur de se renseigner auprès de la caisse dépositaire sur la nature et la valeur de son gage, ainsi que cela se fait dans les bureaux d'hypothèques.

Tel est mon système dans son ensemble matériel et son premier mécanisme.

Je dois l'apprécier maintenant au point de vue économique et social, et indiquer exactement quels seraient mes moyens d'exécution.

XII

POINT DE VUE ÉCONOMIQUE.

Il est à remarquer tout d'abord que mon système est universel, qu'il s'applique à toutes les branches de la production, et qu'il touche ainsi à l'intérêt public.

Sa réalisation donnerait en effet une heureuse impulsion à notre commerce général, en assurant l'écoulement régulier de tous nos produits agricoles, manufacturés, artistiques, scientifiques, etc.

On sait que le gouvernement a fait de grands efforts pour doter notre commerce de voies de communication terrestres, fluviales et maritimes; l'unique moyen de féconder ces efforts et de rendre productives les grosses subventions accordées si libéralement à certaines compagnies, c'est de développer énergiquement le trafic dans toutes ses branches, et surtout le trafic extérieur.

On a dû le sentir récemment lorsque la Compagnie des paquebots transatlantiques est venue demander au pays un nouveau secours ; soutenue jusqu'ici par les transports militaires qu'a nécessités la guerre du Mexique, elle avait vu se tarir cette source de produits extraordinaires.

Quelle meilleure subvention aurait-on pu lui assurer que la création d'un grand mouvement commercial entre la France et les Amériques ?

C'eût été lui garantir à toujours des bénéfices certains. Mais sans affaires, pas de circulation de marchandises et de voyageurs ; pas de profits vrais et durables, en dépit des subventions, qui seront bientôt dévorées.

De plus, à côté des voies nouvelles de communication, se sont déjà installées de nombreuses maisons de banque ; par exemple, le Comptoir d'escompte a fondé des succursales jusque sur la côte d'Asie ; à tous ces établissements financiers, il faut un aliment suffisant ; seul, le trafic commercial le lui donnera ;

car, sans affaires, pas de circulation monétaire ou fiduciaire.

En résumé, *transports*, *banque*, *trafic*, voilà les trois termes de la solution du problème posé.

A propos de la circulation monétaire, je puis ajouter que le développement du commerce extérieur contribuerait puissamment à conjurer les crises financières périodiques, si fatales à notre commerce.

Tant que les importations ne sont pas balancées chez nous par les exportations, nous laissons à l'étranger de grandes quantités de numéraire ; car, en échange des marchandises qui nous viennent des pays étrangers, nous devons fournir ou d'autres marchandises ou de l'argent.

Autre considération : de vives craintes se sont bien souvent manifestées au sujet de l'avenir de notre marine marchande, et, par contre-coup, de notre marine militaire ; on ne voit pas, notamment, sans appréhension, arriver ce mois de juin 1869 pendant lequel les surtaxes de pavillon disparaîtront ; sommes-nous mieux préparés à cette nouvelle épreuve qu'à celle des traités de commerce ? Cela est fort douteux.

Dans la séance du Corps législatif du 18 mai dernier (*Moniteur* du 19) M. Pagezy a montré la marine commerciale anglaise forte de

5,778,000 tonneaux, savoir :

26,140 voiliers jaugeant	4,903,000	tonneaux.
2,831 steamers —	875,000	—
Total égal	5,778,000	—

Quant à la France, elle avait en 1866,

15,637 voiliers jaugeant	1,042,811	—
407 steamers —	127,777	—
Total	1,170,588	—

D'après M. Pagezy, elle n'avait plus en 1868, au total, que 1,049,844 tonneaux. Ajoutons que nos navires sont presque tous de petit tonnage, ce qui indique bien que c'est notre navigation au long cours qui périclite.

En 1864, nous n'avions déjà plus que 3,000 voiliers de 200 tonneaux et au-dessus, tandis que les Anglais en avaient 28,000 (1).

(1) *Notre Marine marchande*, page 10. En 1868, l'Angleterre avait moins de voiliers qu'en 1864 : mais, elle avait 2,831 steamers au lieu de 2,300 !

Bientôt nous en serons réduits au cabotage entre la France et l'Angleterre, et encore ne pourrons-nous l'effectuer qu'avec des bâtiments de petit tonnage, qui exigent proportionnellement un plus grand nombre d'hommes, et rendent les transports plus coûteux.

L'infériorité de notre marine commerciale vis-à-vis de celle de l'Angleterre est vraiment presque décourageante ; au surplus il n'est pas difficile d'en apercevoir les causes immédiates.

1° Règlements onéreux imposés à notre marine, pour la plus grande prospérité de l'inscription maritime, et qui d'ailleurs manquent un peu leur but en rendant plus difficile l'engagement par nos capitaines des matelots français.

2° Haut prix de revient des constructions navales en France.

Toutefois, la loi de 1866 a introduit quelques améliorations à cet égard (suppression de droit sur les matières premières, etc.)

3° Rareté du fret de retour, insuffisance du fret de sortie.

Ces deux dernières causes de notre décadence maritime sont les principales.

Elles ont été signalées avec force à la tribune par M. Thiers. L'unique moyen de les combattre, c'est de donner la plus grande extension possible à notre commerce avec l'étranger.

L'avenir de la marine est tout entier dans l'extension de notre production et de nos affaires.

Mais peut-être m'opposera-t-on les chiffres soumis en 1868, par M. Rouher, au Corps législatif, (*Moniteur* du 20 mai) et desquels il résulte que notre fret de sortie, qui employait en 1847 600,000 tonneaux, en emploie maintenant 1,800,000; et peut-être, devant ces chiffres triomphants, sera-t-on tenté de prendre confiance en l'avenir et d'ajourner les grands efforts.

Mais d'abord, qu'on se rappelle les tableaux récents de l'administration des douanes qui accusent un ralentissement considérable dans nos exportations.

Ensuite, pas de méprise ; sur quels navires sont chargés ces 1,800,000 tonneaux ? sur des navires français ou étrangers ?

C'est là le point à éclaircir, puisqu'il s'agit d'apprécier la situation de l'armement en France.

Aucun doute, par malheur, n'est possible quand on considère la diminution de notre marine marchande : évidemment, nos armateurs n'ont guère profité de l'accroissement de fret dont on a fait bruit si mal à propos.

Le simple bon sens enfin nous avertit que si déjà, malgré la sérieuse protection dont elle a été jusqu'ici l'objet, notre flotte commerciale a décru sensiblement, elle s'affaiblira bien davantage quand elle se trouvera seule aux prises avec la concurrence, à moins de quelque grand, prompt et énergique remède, et c'est ce remède que j'appelle.

XIII

POINT DE VUE SOCIAL

On a souvent reproché à la jeunesse française de se presser sans grand profit pour elle-même, et non sans quelque danger pour la chose publique, dans des sentiers honorables sans doute, mais rebattus.

Ne serait-ce pas un bienfait public que d'élargir le champ qu'embrasse son intelligente activité, et de la conduire, comme par la main, vers les plages lointaines, où la fortune daigne encore sourire ?

Que d'hommes ardents ou déclassés ne recontre-t-on pas qui, se plaignant de n'avoir pas leur place au soleil, menacent à chaque instant l'ordre social !

Que de travailleurs nécessiteux le ralentissement inévitable des travaux publics ne jettera-t-il pas bientôt sur le pavé des villes !

A toutes les ambitions inquiètes, préparez une issue ; à ces besoins impérieux, des satisfactions, ou redoutez une crise révolutionnaire.

D'un autre côté, serons-nous toujours condamnés à entendre dire que le commerce français ne peut aborder tel ou tel pays, parce qu'il y a été devancé par les Anglais ?

Que même nos négociants sont chassés des meilleures places commerciales par cette implacable concurrence anglaise ?

Mais ce ne sont pas seulement les Anglais qui l'emportent sur nous ; les Hollandais, les Suisses, les Belges, les Allemands, ont proportionnellement plus de relations que nous avec les pays étrangers.

La France se contentera-t-elle d'une situation inférieure, alors qu'ici comme ailleurs elle pourrait, au prix de quelques efforts, occuper le premier rang ?

Non, elle ne saurait abandonner à des nations rivales le grand commerce extérieur, ce levier puissant de fortune et de civilisation.

Et il est surprenant que les capitaux et les intelligences de la France ne se soient pas depuis longtemps ligués, surtout pour arracher aux Anglais la suprématie commerciale, et pour détruire le lourd monopole qu'ils exercent sur les marchés d'outre-mer.

XIV

MOYENS D'EXÉCUTION

Comme point de départ, nous utiliserions nos relations acquises de façon à constituer immédiatement un premier réseau commercial, s'étendant aux marchés principaux des Amériques centrale et du sud, des États-Unis et même de l'Asie, depuis Bombay jusqu'à Yokohama.

Pour cette première organisation, nous trouverions un concours précieux dans les établissements français déjà fondés à l'étranger ; tels que les succursales du Comptoir d'escompte, et les bureaux très-nombreux des compagnies de transports maritimes.

La solidarité d'intérêts qui unirait notre société et ces établissements nous garantirait leur appui.

Par exemple, les compagnies de transport nous consentiraient facilement des réductions de tarif dont nous ferions profiter les expéditeurs qui useraient de l'intermédiaire de la Société et les voyageurs recommandés par elle.

Il serait absolument nécessaire d'avoir, au siége de la Société, à Paris, de vastes entrepôts-docks, ou magasins destinés à la consignation des marchandises venant de l'étranger ; de grands établissements dans le genre de Sainte-Catherine-docks et London-docks de Londres.

Nous n'avons pas la Tamise, dira-t-on, mais nous avons déjà la Seine, dont la navigation va en s'améliorant, et nous aurons peut-être quelque jour un grand canal de Paris à l'Océan.

Enfin, et cela nous suffit, nous avons dès aujourd'hui les chemins de fer qui relient la capitale à tous les ports de l'Océan et de la Méditerranée.

Songeons-y bien, quand le commerce étranger trouvera en France les mêmes facilités qu'en Angleterre, les surtaxes d'entrepôt deviendront parfaitement inutiles, parce que les produits exotiques nous arriveront d'eux-mêmes en droite ligne.

Le commerce ne s'expose pas sans motif à des frais extraordinaires de transport qui haussent le prix de revient des marchandises, et rendent les transactions plus difficiles.

Il ne passera pas par Londres pour arriver à Paris, si Paris consent à ne pas se faire inabordable.

J'avais proposé d'affecter partie au moins des contructions de la dernière Exposition à la création d'un vaste entrepôt répondant aux exigences commerciales de l'époque.

Mais le gouvernement a préféré rendre à l'armée ce que les arts de la paix lui avait enlevé un instant.

Nous nous pourvoirons autrement; les docks et entrepôts déjà existants serviront provisoirement, et nous en établirons de nouveaux au fur et à mesure de l'extension de nos affaires.

Au surplus, les entrepôts si considérables de nos

grandes villes maritimes trouveront toujours leur emploi en continuant à recevoir directement les produits nécessaires à la consommation locale, car il ne sera jamais nécessaire de faire passer par Paris les produits adressés aux négociants de Dunkerque, du Havre, de Nantes, de Bordeaux, Bayonne, Marseille, etc.

Il conviendra seulement de centraliser à Paris les marchandises destinées au commerce européen, et toutes celles à qui un grand marché est absolument indispensable.

Paris doit avoir des établissements assez puissants pour lutter contre les entrepôts anglais et détourner d'eux les marchandises que nous allons aujourd'hui leur demander.

Enfin, nous solliciterions du gouvernement la concession du Palais de l'Industrie aux Champs-Élysées, à l'effet d'y installer une exposition permanente des produits français.

Il est facile de comprendre les grands avantages d'une semblable exhibition.

Les étrangers qui viennent à Paris pour y faire

leurs achats en nouveauté française sont obligés de visiter bien des magasins, de monter bien des étages, de pénétrer même dans des mansardes, pour réussir à donner des ordres en connaissance de cause.

Que de temps ils perdent dans toutes ces courses ! et le temps est de l'argent ; encore, sont-ils jamais assurés de trouver la marchandise de première main ?

Souvent, dans la crainte d'une mésaventure, ils restreignent leurs achats, et même, rebutés par de trop grandes difficultés, ils se retirent sans avoir conclu d'affaires.

Ce serait un service signalé rendu à la clientèle commerciale de la France que de lui permettre d'embrasser, comme d'un coup d'œil, toute la production de notre pays, au moyen d'échantillons méthodiquement classés.

Séduits par le grand choix, satisfaits de la sûreté des renseignements, les acheteurs se décideraient vite à d'importantes transactions.

D'un autre côté, les commissionnaires de Paris trouveraient dans notre exposition des éléments toujours nouveaux, pour l'entretien de leurs relations.

Qu'on ne l'oublie pas, la force de notre production est dans les articles de luxe; ils peuvent nous ouvrir tous les marchés étrangers, et frayer la voie à nos grands articles manufacturés.

Mais encore faut-il qu'ils soient bien connus; une exposition permanente serait très-utile à ce point de vue.

J'arrive aux deux points délicats de l'exécution, au personnel à réunir et au capital à constituer.

On peut penser qu'il sera très-difficile de trouver des agents dévoués et intelligents, à qui la direction des succursales et surtout des comptoirs puisse être confiée en toute assurance.

Sans doute, quelques difficultés se présenteront de prime abord, mais nous avons déjà dans nos maisons de commerce bon nombre de sujets distingués, connaissant fort bien le commerce extérieur, et qui ne manqueront pas de se proposer pour la direction des comptoirs.

Quant aux succursales, le meilleur moyen de les

fonder très-vite sera de les confier aux individualités intéressées, avec lesquelles il sera facile de s'entendre, de façon à faire converger tous les efforts, toutes les capacités, vers un but commun.

Maintenant, quel capital l'entreprise exigera-t-elle et où le prendrons-nous?

Il n'est sans doute guère possible de préciser très-exactement la somme indispensable pour lancer convenablement l'affaire telle que je la conçois.

J'estime qu'avec 50 millions, 30 millions employés dans 200 à 300 succursales et comptoirs en France et à l'étranger, commandités chacun de 100 à 150,000 fr., et 20 millions disponibles dans la maison de Paris pour son roulement d'affaires;

J'estime, dis-je, qu'avec 50 millions, on produirait immédiatement un très grand mouvement commercial.

Grâce aux 20 millions déposés dans sa caisse, la maison de Paris conserverait toute son indépendance quant à la négociation du papier à long terme, et parviendrait ainsi facilement à acclimater chez nous ce genre de valeurs.

Pour la justification de ce chiffre de 50 millions, rappelons que la Société néerlandaise d'Amsterdam s'est fondée au capital de 30,000,000 de florins.

Rappelons aussi que, récemment, en juillet 1867, la Société patronnée par M. Denière proposait la création d'une Compagnie d'exportation et d'importation au capital de 60 millions de francs, divisé en trois séries de 20 millions chacune ; la première série était seule émise, et les souscripteurs ne devaient verser immédiatement que le quart des actions.

A qui enfin demander notre capital de 50 millions ?

A l'Etat ?

A la Banque ?

Aux particuliers ?

Les particuliers et la Banque, après avoir jeté et perdu des milliards dans nombre de tentatives folles repoussent aujourd'hui les affaires sérieuses, soit par dégoût, soit par crainte, soit par habitude du jeu.

Entre les grosses primes et les placements d'une solidité indiscutable, il n'y a plus guère de milieu.

Le capital ne veut pas courir des chances ordinaires ; on ne spécule pas, ou l'on spécule sans mesure.

Le sens pratique est altéré.

Il me semble que l'Etat pourrait et devrait intervenir ici par un prêt direct ou une promesse de garantie.

Car, d'une part, les difficultés à vaincre sont assez grandes pour intimider les capitaux privés, et, d'autre part, l'intérêt public réclame impérieusement l'application immédiate des idées que je défends.

L'État n'a-t-il pas mis 40 millions à la disposition des industriels pour les aider dans le renouvellement de leur outillage et dans l'aplanissement des premières difficultés suscitées par les traités de commerce ?

Il faut être logique et aller jusqu'au bout, sinon le bienfait sera stérile et même deviendra fatal.

Il faut soutenir encore l'industrie après l'avoir poussée à la lutte ; et trouver des débouchés à ses produits après lui avoir imposé la nécessité d'une production à outrance.

Mais le Gouvernement paraît croire qu'il a fait assez, qu'il a donné assez, qu'il est assez intervenu.

Il s'efface, comptant sur l'initiative individuelle, et pense qu'elle suffira pour faire sortir la France victorieuse de la crise provoquée par la libre concurrence succédant tout à coup au régime protecteur.

L'avenir apprendra si un tel espoir est fondé.

Une chose est certaine, c'est que les habitudes et les tendances d'un peuple ne changent pas en un jour; c'est que le Français n'a pas le goût des explorations lointaines.

Tout en étant bien convaincus que l'heure a sonné des tentatives un peu hardies, nos négociants ne consentiront à s'aventurer dans les voies nouvelles qui s'ouvrent devant eux que lorsqu'ils se sentiront protégés par une puissante organisation commerciale.

Quoi qu'il en soit à cet égard, le devoir du Gouvernement n'est-il pas d'atténuer dans la mesure du possible les maux inévitables d'une transition un peu brusque?

Le but est indiqué, les moyens sont préparés, reste l'élan à donner.

Il ne s'agit pas, au surplus, pour le gouvernement de s'engager dans des spéculations commerciales.

Il ne s'est pas fait manufacturier, en 1860, pour avoir donné 40 millions aux manufacturiers.

Il ne s'est pas fait non plus voiturier pour avoir subventionné les chemins de fer, les paquebots transatlantiques et les messageries impériales.

Il ne se fera pas non plus commerçant aujourd'hui en venant au secours du commerce.

D'autre part, le budget ne pourrait que se bien trouver d'un rapide accroissement des transactions commerciales, accroissement qui vivifierait les sources du revenu de l'État.

Enfin, s'il m'est permis d'exprimer respectueusement toute ma pensée, je dirai que l'Empereur, après avoir accompli en France une réforme économique qui marquera dans l'histoire, doit être jaloux d'en assurer le succès complet.

D'ailleurs, l'intervention de l'État ne serait que

momentanée, car, aussitôt que la société aurait pris assez de consistance pour s'adresser avec confiance au public, elle lui demanderait les moyens de rembourser l'État.

Son intérêt même ne lui commanderait-il pas de se donner le plus tôt possible une existence indépendante ?

Il pourrait aussi arriver que le crédit mis par l'État à la disposition de la compagnie ne fût pas complétement employé.

Les frais du premier établissement ne seront peut-être pas aussi considérables qu'on est tenté de le supposer.

En tous cas, le conseil de surveillance de la gérance centrale sera toujours consulté lorsqu'il s'agira d'exposer de nouveaux capitaux.

C'est ce premier établissement qui offre toute la difficulté.

L'installation faite, les bénéfices deviennent certains, car il s'agit, en définitive, d'une grande maison de commission traitant les affaires pour compte de clients choisis.

On comprendra bien à quel degré de prospérité peut atteindre une société de commerce extérieur sagement administrée, quand on saura que la compagnie Néerlandaise d'Amsterdam, qui s'est constituée, en 1825, au capital de 30,000,000 de florins, a aujourd'hui un actif commercial de 300,000,000 florins (environ 600,000,000 de francs).

XV

CONCLUSION

La France traverse une crise économique redoutable.

Plus d'apologies, plus de récriminations !

Entrons dans la vérité des faits, et marchons sans regarder derrière nous.

Je propose avec confiance mon plan à l'attention du public ; il est, j'en ai la conviction, à l'abri de toute critique sérieuse, aussi, a-t-il déjà rencontré de flatteuses adhésions, et, pour terminer, je transcrirai quelques passages de lettres qui m'ont été adressées.

XVI

Lettre de M. Vallon, préfet du Nord.

Lille, le 10 avril 1864.

« Monsieur, j'ai lu avec un vif intérêt la brochure » dont vous m'avez fait l'honneur de m'adresser un » exemplaire le 5 de ce mois.

» J'apprécie les conditions d'avenir de votre pro- » jet, et je reconnais que vos idées peuvent être fé- » condes en bons résultats; je vous remercie donc » de votre utile communication, et si je suis con- » sulté, je me ferai un plaisir et un devoir d'appuyer » vos propositions. . . . .

. . . .

XVII

Lettre de M. Kuhlmann, président de la Chambre de commerce de Lille :

10 décembre 1864,

(J'avais développé devant la Chambre le projet d'une société d'exportation, et M. Kuhlmann avait été chargé de me transmettre par écrit, après délibération, l'impression de la Chambre.)

« La Chambre, m'a dit M. Kuhlmann, est très-sym-
» pathique aux efforts qui sont faits pour arriver à
» un résultat qu'elle n'a pas cessé de désirer, aussi
» a-t-elle écouté avec un vif intérêt l'exposé que vous

» lui avez fait de votre projet, et des moyens qui, » dans votre pensée, doivent en assurer la réalisa- » tion prochaine.

» Elle suivra d'un œil attentif la mise en pratique » et les développements de votre entreprise, au suc- » cès de laquelle tendent ses vœux les plus ar- » dents.... »

XVIII

Le même jour, M. Tilloy-Castelain, de respectable mémoire, l'un des hommes marquants de la chambre de Lille, m'écrivait ce qui suit :

Lille, le 10 décembre 1864.

« Monsieur,

» C'est avec un vif intérêt que j'ai écouté les ex-
» plications que vous avez données à la Chambre
» de commerce dans sa dernière séance ; nous som-
» mes tous demeurés d'accord qu'avec le développe-
» ment prodigieux que prend l'industrie dans notre
» arrondissement, de nouveaux débouchés, et les
» plus directs possibles pour soutenir la concurrence

» des autres nations, sont devenus indispensables,
» si l'on veut éviter dans un avenir peu éloigné une
» crise commerciale ; sous ce rapport, la création
» d'une grande compagnie qui s'occuperait spécia-
» lement de l'exportation de nos produits, tant en
» Europe qu'à l'étranger, serait une chose fort utile.
» M. le préfet, à qui j'ai eu l'occasion de faire
» part du résultat de notre séance, m'a exprimé
» toutes ses sympathies pour ce projet qui serait fort
» utile à tout le pays. »

. . . .

M. Vallon, quelques jours après, m'exprimait lui-même tous ses regrets de n'avoir pas assisté à cette séance de la Chambre de commerce de Lille.

XIX

L'année suivante, mes affaires m'ayant appelé à Bordeaux, j'y vis quelques membres de la Chambre de commerce et fut convié à une réunion spéciale de la Chambre, dans laquelle devait être agitée la grave question du développement du commerce extérieur.

A la suite de cette réunion, les hommes distingués que j'y rencontrai me firent l'honneur de m'adresser une lettre dont je rapporterai quelques lignes.

Bordeaux, 8 septembre 1865.

(La première partie de la lettre établit l'étroite connexité qui existe entre les intérêts de la manufacture et ceux de la marine, et, après avoir émis des objections générales contre le système des compagnies de l'époque, rappelle une ancienne compagnie dont les pratiques avaient été nuisibles au commerce bordelais.)

« Si cependant vous parveniez à constituer une » compagnie dont les opérations seraient parfaite- » ment définies dans l'objet dont, comme vous, nous » désirons vivement la réalisation, nous applaudi- » rions à sa formation, qui ouvrirait les voies à un » large commerce, dont les particuliers sauraient plus » tard individuellement profiter. »

Suivent les signatures de tous les membres de la Chambre de Bordeaux.

XX

Je recommande la lettre suivante de M. Rouher, ministre d'Etat :

Paris, le 9 septembre 1865.

« Monsieur,

» J'ai reçu la lettre que vous m'avez fait l'honneur
» de m'écrire le 14 écoulé; je l'ai lue avec intérêt,
» ainsi que la brochure qui y était jointe, et je suis
» heureux de pouvoir donner mon approbation aux
» idées que renferme votre travail sur le commerce
» d'exportation de la France avec les pays de l'ex-
» trême Orient (1), sur l'avenir considérable réservé

(1) Ma lettre du 14 septembre 1865 à Son Exc. M. le Ministre d'Etat, et la brochure qui l'accompagnait, étaient écrites plus

» à ce commerce, et sur l'intérêt qu'il y aurait à le » voir prendre dès à présent un développement qui » offrirait un nouveau débouché à nos villes manu- » facturières.

» Je crois, comme vous, qu'un des moyens les plus » effectifs d'assurer à notre commerce et à notre in- » dustrie des débouchés sur ces marchés lointains » serait de constituer, en vue de l'exportation de » nos marchandises, dans les pays de l'extrême » Orient, une société financière puissante, à laquelle » pourraient prendre part des banquiers, des négo- » ciants et des industriels; société disposant de » grands capitaux, lui permettant de supporter les » premiers frais toujours considérables de ces tenta- » tives lointaines qui effrayent les particuliers. Il y a » là, je me plais à le reconnaître, une idée féconde, » qui peut être appelée à un grand avenir. . . .
» . . . . »

particulièrement au point de vue des intérêts de la manufacture. J'ai depuis généralisé mon système, en l'étendant à toutes les branches de la production française.

M. le Ministre d'Etat termine cette lettre en déclarant que la constitution de la compagnie proposée doit émaner entièrement de l'initiative individuelle, etc. . . . .

Mais est-il bien raisonnable de compter uniquement sur l'initiative des particuliers pour risquer des tentatives reconnues effrayantes pour eux ?

Je pourrais citer d'autres lettres de MM. les ministres et de MM. les préfets du Nord, auxquels je me suis toujours empressé de communiquer mes écrits ; elles sont toutes favorables à l'idée de l'extension du commerce extérieur de la France, considérée comme le seul moyen efficace de seconder l'industrie dans ses louables et généreux efforts. Je les passe sous silence, pour éviter des répétitions.

XXI

Voici maintenant quelques documents utiles à consulter.

Extrait d'une pétition adressée au ***Sénat*** *par des négociants et industriels de* ***Roubaix.***

15 janvier 1868.

« ... Serait-ce par une excitation à la sortie de nos » produits vers l'étranger que le gouvernement de » l'Empereur trouvera le remède à cette situation » devenue plus que critique, ou par le retour à un » régime plus protecteur? Nous osons espérer que, » d'une manière ou d'une autre, les grands intérêts

» de l'industrie française ne seront pas sacrifiés à » tout jamais, et qu'une parole rassurante nous sera » donnée avant peu... (1). »

(1) Ainsi deux alternatives :

L'une impossible, le retrait des traités de commerce; l'autre seule possible, excitation à la sortie de nos produits.

Lors de la discussion de la pétition au Sénat (juin 1868), cette seconde alternative a été mal comprise. M. Gouin, rapporteur, a cru que la ville de Roubaix réclamait le retour des primes de sortie; c'était une erreur : elle ne demandait que des facilités d'exportation.

XXII

On lira pas sans grand intérêt une lettre que la Chambre consultative des arts et manufactures de la ville de Roubaix adressait, l'année dernière, à Son Excellence M. le Ministre de l'agriculture, du commerce et des travaux publics :

Roubaix, le 26 mai 1868.

« Monsieur le Ministre,

» Il serait superflu de vous renouveler ici les do-
» léances de l'industrie Roubaisienne, qui, faute
» d'écoulement pour ses produits manufacturés, est
» destinée à végéter.

» Nous avons dit aussi que des tentatives de ven-
» tes à l'exportation ont été faites sans succès, au
» moins pour la plus grande partie.

» On conçoit du reste que des relations commer-
» ciales ne s'établissent pas sans difficulté sur les
» marchés lointains.

» Mais ce que des individualités ne pouvaient
» faire, de puissantes compagnies y réussissent sou-
» vent. Ce n'est donc que par ce moyen que de nou-
» velles tentatives pourraient avoir lieu.

» C'est dans le but d'en arriver là que, préalable-
» ment à toute autre démarche, la chambre consul-
» tative vient vous demander, monsieur le Ministre,
» si le Gouvernement consentirait à donner un capi-
» tal quelconque, à titre de garantie, pour servir à la
» formation d'une compagnie générale d'exportation
» des produits français.

» Nous vous serions très-reconnaissants, mon-
» sieur le Ministre, de vouloir bien examiner cette
» question avec tout l'intérêt qu'elle comporte. . .
. . . . »

Malheureusement la réponse de Son Excellence M. le ministre a été entièrement défavorable à la demande que la chambre de Roubaix lui avait adressée.

XXIII

Le *Moniteur* a publié (en novembre 1868) un rapport de M. Jacques Siegfried, l'un des fondateurs de l'école supérieure de Mulhouse, chargé d'une mission honorifique, ayant pour but de recueillir sur l'Inde des renseignements utiles au commerce.

Dans ce rapport, M. Siegfried, après avoir étudié le commerce de l'Inde à Bombay, à Calcutta et à Madras, et avoir constaté les résultats déjà obtenus par les Allemands et les Suisses en concurrence avec les Anglais, ajoute :

Les Français n'en sont pas là, malheureusement ; non-seulement il n'est pas question pour eux de prendre part aux affaires anglaises, ni même à celles du continent, auxquelles cependant pourrait donner droit la situation de la France, si admirablement appuyée sur l'Océan et sur la Méditerranée et relativement si rapprochée des Indes par les Compagnies de steamers anglais et français qui ont fait de Marseille leur tête de ligne, mais encore nous n'y faisons pas la moitié des affaires de notre pays. Non-seulement nous allons encore chercher de seconde main sur les marchés de Londres et de Liverpool une portion des matières premières dont notre industrie a besoin, mais encore nous nous adressons souvent à des Allemands, à des Suisses ou à des Anglais, pour une partie de nos importations directes. Nous avons bien quatre ou cinq maisons françaises excellentes; mais qu'est-ce que cela en face des 1 milliard 400 millions de produits que l'Inde exporte annuellement?

Et je ne parle là que des achats de matières premières, je laisse de côté les ventes que la France arriverait peut-être aussi, un jour ou l'autre, à faire aux Indes si des relations plus fréquentes la mettaient mieux au courant des besoins du pays. Ce commerce d'exportation, réduit jusqu'à présent à quelques vins, à quelques liqueurs et à des objets de mercerie, ne pourrait, je le crois, se développer qu'en dernier lieu, et comme je ne veux voir les choses que d'une façon toute pratique, je ne veux pas y attacher trop d'importance *immédiate*; mais je dis bien haut que, même en nous tenant momentanément aux achats de matières premières, il y a encore pour la France beaucoup de place dans l'Inde.

Le gouvernement de l'Empereur l'a du reste admirablement compris lorsqu'il a encouragé la création des agences du Comptoir d'escompte et l'extension des messageries impériales dans l'extrême Orient; c'est maintenant à l'initiative individuelle de se mettre en avant; c'est à la jeunesse française de suivre la voie qu'on lui montre, de tourner ses regards vers les pays lointains, et de ne plus craindre de s'expatrier temporairement pour chercher fortune.

XXIV

On me communique à l'instant le *Journal d'Amiens*, du 25 mars dernier, qui renferme un très-remarquable travail de M. Vulfran Mollet, président d'honneur de la Société industrielle d'Amiens.

J'y note le passage suivant :

(M. Mollet s'adresse à M. le ministre du commerce.)

J'ai eu l'honneur de vous dire déjà que le commerce français n'avait pas trouvé, depuis 1860, de débouchés en rapport avec sa production industrielle, et j'ai signalé à votre attention, comme les principales causes de ce fait déplorable, l'absence de grandes fortunes industrielles et le manque de jeunes Français à l'étranger.

La France n'a point, comme l'Angleterre, des maisons établies sur tous les points du globe, et dirigées par des compatriotes ; les négociants français qui vont au loin s'y trouvent isolés et abandonnés à leurs propres forces ; j'ai pensé qu'il y avait lieu d'utiliser les nombreux comptoirs que les Messageries Impériales ont établis dans toutes les parties du monde, et notamment dans l'extrême Orient.

Je crois qu'il serait bon d'intéresser cette puissante compagnie au développement et au succès du commerce français à l'étranger. Si les Directeurs de ces Comptoirs, qui sont pour la plupart d'anciens officiers de marine, et qui jouissent dans les pays où ils sont placés d'une considération justement méritée, voulaient prendre la haute direction et la surveillance des magasins de commerce qui seraient établis dans leurs Comptoirs, il suffirait, Monsieur le Ministre, que vous autorisiez les Chambres de commerce à envoyer au loin des délégués choisis par elles, et payés au début par des allocations qu'elles pourraient prélever sur leurs ressources budgétaires.

Ces délégués, avant leur départ, seraient mis en rapport, par les Chambres elles-mêmes, avec les principaux industriels de leur circonscription, et ils partiraient, les uns avec des échantillons seulement, les autres avec des marchandises, quand les industriels auraient déjà des notions suffisantes sur les besoins des pays à visiter.

Le passage gratuit et le retour en France de ces délégués devraient être obtenus des Messageries Impériales, et je crois, Monsieur le Ministre, que vous n'auriez qu'à en faire la demande, puisque l'intérêt des Messageries Impériales est ici d'accord avec l'intérêt du commerce français.

Enfin les succursales du Comptoir d'escompte de Paris devraient être associées à ce mouvement régénérateur, soit pour le retour en France de la valeur des expéditions, soit pour l'achat des matières premières sur les lieux de production. Tout cela, cependant, Monsieur le Ministre, ne serait pas encore suffisant pour développer en France le commerce d'exportation, si vous ne complétiez ces différentes mesures par la création d'une grande société financière qui s'associerait aux risques des expéditions et au long crédit indispensable aux exportations.

Cette société, au capital d'au moins cent millions, ferait des avances aux commerçants français et permettrait ainsi à nos producteurs d'attendre patiemment la fin de chaque opération, et le retour en France de sa contre-valeur.

Pour trouver facilement ce capital en France, il faudrait que le gouvernement français proposât au Corps législatif de voter, au profit de cette société, une garantie d'intérêt de 5 p. 100 seulement.

Si vous accueillez favorablement ces propositions, il vous suffira, quant à présent, d'instituer une Commission qui serait chargée d'étudier et d'approfondir cette question, et son prochain rapport, je n'en puis douter, vous mettrait à même de doter l'industrie et le commerce de votre pays des institutions qui lui manquent pour pouvoir marcher de pair avec le commerce anglais et avec le commerce allemand.

XXV

En définitive, les conclusions de M. Vulfran-Mollet sont les miennes. On me permettra seulement de bien établir que j'ai émis et défendu depuis longtemps les idées qu'il prend aujourd'hui sous son puissant patronage.

On peut le voir par les extraits de lettres que j'ai relatés ci-dessus. Pour compléter la démonstration, je reproduis l'adresse que j'ai soumise l'année dernière au Corps législatif :

A Messieurs les membres du Corps législatif.

Messieurs,

J'ai l'honneur de vous informer que je sollicite de Son Excellence M. Rouher, ministre d'Etat, la faveur de correspondre directement avec lui au sujet de la situation économique de la France, situation qui préoccupe si vivement tous ceux qui ont à cœur les grands intérêts nationaux.

La part active que je n'ai cessé de prendre aux affaires de

mon pays me fait aussi comme une loi de vous apporter mon contingent d'idées essentiellement pratiques.

Toutefois, je ne me permettrai pas d'aborder ici directement la grave question des traités de commerce, alors que les représentants de la nation, de concert avec les hommes éminents qui parlent au nom de l'Empereur, vont la soumettre à un examen compétent et approfondi.

Sans doute, Messieurs, vous voudrez conserver à notre commerce et à notre industrie toute la protection compatible avec les engagements pris par le gouvernement; mais vous comprendrez que la protection seule ne suffit pas pour assurer à notre pays l'écoulement régulier de ses produits; il faut encore qu'une spéculation intelligente vienne féconder les travaux industriels en créant un mouvement commercial en rapport avec l'intensité de la production.

J'ose l'affirmer, fort d'une longue expérience acquise dans le commerce d'exportation et avec la conviction d'un homme du métier, *l'industrie française est particulièrement entravée par l'insuffisance du commerce; c'est la pénurie des relations extérieures qui est le grand mal, appelant de toute nécessité un prompt et énergique remède.*

Il n'est plus possible de temporiser dans l'espoir d'un avenir meilleur; nous avons commis une trop lourde faute en ne donnant pas depuis longtemps à notre commerce un essor proportionné à celui que prenait notre industrie.

Différer encore, ce serait tout compromettre.

L'extension de notre commerce extérieur n'est-elle donc pas le complément indispensable, la conséquence forcée des traités de commerce? Elle seule pourra compenser les pertes de plus en plus sensibles que nous fait éprouver l'entrée en France des produits de l'industrie étrangère.

Reconnaissons cependant, Messieurs, que le gouvernement a fait de grands efforts, auxquels vous vous êtes avec raison associés, pour ouvrir à notre commerce des pays offrant les plus grandes ressources d'affaires, ceux de l'extrême Orient par exemple. Mais c'est une vérité trop certaine que le Français ne se déplace pas facilement, et nos négociants ne s'enhardiront à explorer les voies nouvelles dans lesquelles le gouvernement a voulu les lancer que, lorqu'ils se verront protégés par une puissante organisation commerciale.

Convenons encore que nous avons en France d'importantes

institutions commerciales susceptibles d'un grand et facile développement et qui, dès maintenant, rendent d'utiles services.

Les Messageries impériales et les Compagnies transatlantiques desservent régulièrement les principaux centres commerciaux; et le Comptoir d'escompte de Paris, avec ses succursales à l'étranger, prête aux spéculateurs un précieux concours financier.

Mais évidemment, à côté de ces administrations de transport et de finance, il en faut une autre ayant pour but le développement du trafic en marchandises, c'est-à-dire fournissant aux premières leur élément vital.

Sinon les compagnies de transport ne pourront se soutenir même avec les larges subventions de l'État; et quant à la société financière, on verra ses succursales languir et finalement se dissoudre.

Ce résultat fâcheux a été déjà pressenti par les esprits clairvoyants; des hommes sérieux ont même cherché à le conjurer. L'an dernier notamment, au plus fort de l'Exposition universelle, la Société générale a tenté la formation d'une société d'exportation et d'importation : la tentative a été malheureuse.

Est-ce à dire qu'il faille en rester là?

Devons-nous tomber dans le découragement? Je ne le crois pas.

Il est seulement démontré que, pour plusieurs motifs, dont le principal est l'emploi d'un capital considérable à l'amélioration de l'outillage industriel, l'initiative privée ne suffit pas aux exigences de la situation. Mais par cela même, ne sommes-nous pas, jusqu'à un certain point, en droit de réclamer l'intervention au moins momentanée du gouvernement?

Loin de moi, au surplus, la pensée de vouloir faire revivre des errements définitivement jugés et condamnés! Loin de moi la pensée de provoquer la constitution de quelque grande compagnie *privilégiée*, comme en créèrent Louis XIV, Élisabeth d'Angleterre et Guillaume de Hollande. Je ne demande pas non plus que le gouvernement engage sa responsabilité dans des opérations commerciales quelconques.

Mais quel inconvénient y a-t-il à ce que l'État fasse, sous forme de subvention, de garantie ou de prêt, pour une compagnie de commerce extérieur dont le fonctionnement appellerait toutes les individualités, toutes les initiatives, écartant ainsi tout monopole, ce qu'il a fait pour les compagnies de chemins de fer, de transports maritimes, et pour les grands établissements de crédit?

Entendrons-nous donc, Messieurs, toujours dire que le commerce français ne peut aborder tel ou tel pays, parce qu'il y a été devancé par les Anglais, que même nos négociants sont chassés des meilleures places par cette implacable concurrence anglaise?

J'en aurais honte pour mon pays, et il est surprenant que les capitaux et les intelligences de la France ne se soient pas encore ligués pour engager contre l'Angleterre une lutte suprême, quoique toute pacifique.

En tout cas, l'appui de notre Empereur, qui aime le peuple et connaît ses souffrances, ne peut qu'être acquis d'avance à une entreprise dont le but en définitive est d'assurer le bien-être général.

J'ai indiqué, Messieurs, à Son Excellence M. le Ministre d'Etat des moyens très-simples d'organiser immédiatement une grande administration de trafic en marchandises, qui opérerait à côté des administrations existantes de transports et de finance, en s'appuyant sur elles.

Il me paraît inutile d'entrer, pour le moment, dans des détails à cet égard. — Qu'il me suffise de dire que la nouvelle administration s'inspirerait résolûment des idées les plus libérales. Elle tendrait la main à tout négociant ou producteur quelconque qui pourrait en tout temps soit correspondre avec de nombreux agents accrédités à l'étranger, soit même se rendre auprès d'eux afin de mieux étudier les affaires et les besoins de chaque pays; elle embrasserait en outre tous les produits agricoles, manufacturés, artistiques et scientifiques.

J'ajouterai en terminant, et sans prétendre d'ailleurs imposer en quoi que ce soit ma personne, que je serais heureux de donner mon concours effectif d'idées et de travail à la grande œuvre, et d'y attacher mon nom.

Veuillez agréer, etc.

Paris. — Imprimerie de DUBUISSON et Ce, rue Coq-Héron, 5.

www.ingramcontent.com/pod-product-compliance
Ingram Content Group UK Ltd.
Pitfield, Milton Keynes, MK11 3LW, UK
UKHW022120190726
13855UKWH00003B/977

9 782013 051897